1. Schuljahr

Geschichten für Erstleser

Inhalt

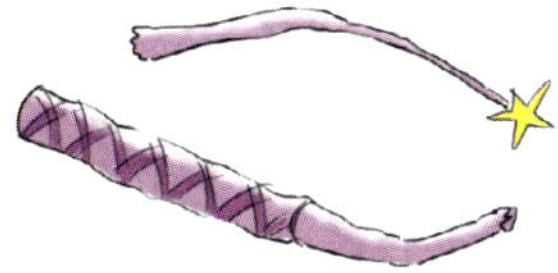

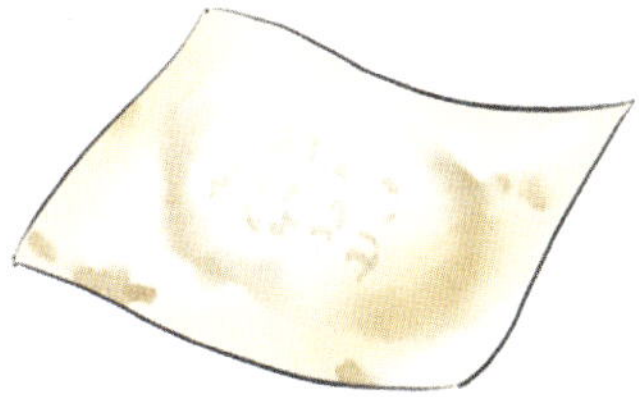

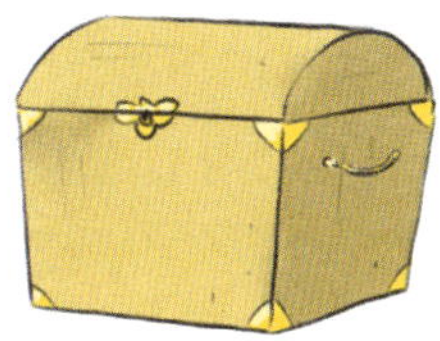

Das Wettsegeln

„Auf die Plätze, fertig, los!“,
rufen Paul Popel, Bert Braunbart,
Leo Locke und Hauke Halunke.
Die vier Piraten stechen in See.

„Wer zuerst die Insel erreicht, der gewinnt!“, ruft Bert. Schnell wie der Wind zischen die Segelboote über das Wasser.

„Da ist ein Wal!“ Hauke zeigt auf das große Tier. Der Wal gleitet an ihnen vorbei. Dabei schlägt er mit einer Flosse auf das Wasser.

Eine riesige Welle schwappt heran.
Haukes Boot kentert.

„Komm zu mir“, ruft Paul
und zieht Hauke
auf sein Boot.

Leo schaut sich nach den beiden um.
„Ich gewinne!“, jubelt er.
Aber er sieht den Felsen
vor seinem Boot nicht.

RUMMS! Leos Boot zerbricht.

„Nimm meine Hand“,
ruft Hauke und zieht
auch Leo in Pauls Boot.

Jetzt segeln nur noch zwei Piratenboote
um die Wette.

„Gleich bin ich da!“, freut sich Bert.
Doch warum hat er nasse Füße?
Im Boot ist ein Loch!
„Steig ein“, ruft Leo und hilft Bert
in Pauls Boot.

Kurz darauf erreicht das Boot die Insel.
„Spannendes Rennen“,
grinst Paul.
„Mit vier Siegern!“

Lesequiz

1. Hauke Halunke, Paul Popel, Bert Braunbart und …?

A: Leo Locke
C: Leo Löffel
Z: Leo Lauge

2. Was sieht Hauke?

D: einen Hai
K: einen Wal
T: einen Dinosaurier

3. Wie erreichen die Piraten die Insel?

F: Jeder in seinem eigenen Boot.
R: Alle vier in einem Boot.
W: Schwimmend.

Lösungswort:

1	N	2	E	3

Serafina sucht eine Farbe

Helles Sonnenlicht kitzelt
Prinzessin Serafina wach.

Serafina gähnt. Sie klettert aus dem Bett.
Verschlafen schaut sie sich um.

Ihr Zimmer sieht aus wie immer.
Alles ist rosa: Die Wände,
der Fußboden und die Möbel.
„Wie langweilig!“, ruft Serafina.
„Ich brauche eine andere Farbe!“

Aber welche Farbe soll das sein?
Das Zimmer ihres Bruders
ist ganz dunkelblau.
„Da schlafe ich gleich wieder ein,
weil es so dunkel ist“, gähnt Serafina.

Im Gemach ihrer Mutter strahlt alles goldgelb. Das blendet!
Serafina schließt die Augen.

Sie tappt hinüber ins Zimmer ihres Vaters.

Doch in dem roten Salon
erkennt Serafina den König kaum.

„Das gefällt mir alles nicht“,
meint Serafina.
Sie läuft enttäuscht in den Schlossgarten.

Dort leuchten die Blumen
um die Wette: roter Mohn, gelber
Löwenzahn und blaue Kornblumen.
„Jetzt weiß ich was!“,
ruft Serafina begeistert.

Geschafft! Am Abend betrachtet Serafina stolz ihr Werk. Alles ist bunt. Und an der Zimmerdecke funkeln kleine und große Sterne. Wunderschön!

Lesequiz

1. Welche Farbe hat das Himmelbett?

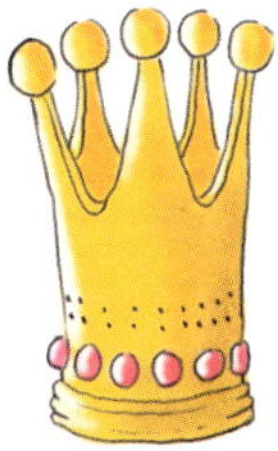

K: rosa
B: rot
O: himmelblau

2. Wo sitzt der König?

D: im blauen Zimmer
R: im roten Salon
T: im gelben Gemach

3. Was funkelt an der Zimmerdecke?

F: Punkte
P: Maikäfer
E: Sterne

Lösungswort:

1	2	O	N	3

Riesengroße Freunde

„Was hast du gesagt?“, ruft Jasper.
Der Riese versteht nicht,
was ihm die Maus erzählt.

„Ich glaube, ich brauche
einen größeren Freund“,
brummt Jasper.

Das Warzenschwein
reicht Jasper
bis zum Knie.

„Möchtest du einen Witz hören?“, fragt Jasper. Das Warzenschwein quiekt nur und rennt davon. „Angsthase!“ Jasper schaut sich nach einem größeren Tier um.

In der Nähe grast
das Zebra.

Es reicht Jasper bis zum Bauch.
„Hallo, Zebra“, sagt er.
„Wollen wir um die Wette laufen?“

Das Zebra schüttelt den Kopf:
„Das ist unfair. Du machst doch
Riesenschritte!“
„Schade“, seufzt Jasper.
„Niemand will mit mir spielen.
Ich bin einfach zu groß.“

„So groß bist du doch gar nicht“,
sagt eine Stimme hinter ihm.
Überrascht dreht Jasper sich um.

Hinter ihm steht eine Giraffe.
Sie ist genauso groß wie er.
Mit ihren Hörnern sogar größer!

„Ich suche schon lange einen Freund, der so groß ist wie ich“, sagt die Giraffe.
„Wollen wir etwas spielen?
Mein Lieblingsspiel ist: Ich sehe was, was du nicht siehst.“
„Meins auch!“, ruft Jasper glücklich.

Lesequiz

1. Mit wem spricht Jasper am Anfang der Geschichte?

O: Igel
P: Maus
I: Hase

2. Wer hat Angst vor Jasper?

L: Warzenschwein
M: Ameisenbär
W: Kaninchen

3. Was wünscht sich Jasper?

E: einen Freund
N: einen Bruder
Q: eine Tante

Lösungswort:

S	1	I	E	2	3	N

Wo steckt Flo?

„Flo ist weggelaufen!“, klagt Thea, als ihre Freundin Mia auf den Ponyhof kommt.
„Das Tor war nicht richtig zu.“
„O nein!“, ruft Mia. „Was sollen wir tun?“

„Die anderen suchen schon nach Flo“, sagt Thea.
„Dann los! Wir finden ihn“, ruft Mia und zieht Thea mit sich.

Eine Stunde lang laufen Mia und Thea suchend über die Wiesen.
Doch Flo ist nirgendwo zu sehen.
„Hoffentlich ist ihm nichts passiert!“, seufzt Thea.

„Vielleicht ist Flo gar nicht so weit weg“, meint Mia plötzlich und zeigt auf die Kuh. Thea schaut sie verwundert an.

Da geht ihr ein Licht auf.
„Genau! Flo ist das faulste und verfressenste Pony auf dem Hof“, lacht Thea. Die beiden laufen los.

Hinter dem Stall steht die Scheune.
Hier wird das Futter für die Pferde aufbewahrt.

Thea öffnet das Tor.
„Psst! Ich höre etwas“, flüstert Mia.
„Ich auch“, nickt Thea.

Die beiden schleichen um die Ecke.
Dahinter steht Flo und
steckt die Nase ins Heu.

„Da ist ja der Ausreißer“, lacht Mia. Glücklich umarmen Thea und Mia das Pony.

Lesequiz

1. Wie heißt das Pony?

K: Flo
P: Flix
Z: Fee

2. Wo finden Thea und Mia das Pony?

V: vor dem Stall
U: in der Scheune
W: auf dem Reitplatz

3. Was frisst das Pony?

U: Hafer
H: Heu
M: Kartoffelchips

Lösungswort:

1	2	3

Auf leisen Pfoten

„Es ist ganz einfach“, erklärt Kojo.
„Du machst den Mund auf und
brüllst los. RRROAARR!“
„Und was passiert dann?“, fragt Dembe.
„Alle, die dich ärgern wollen,
hauen sofort ab“, antwortet Kojo.

Dembe schluckt. Er möchte auch so laut brüllen können wie sein Bruder! Er holt tief Luft.

Doch es kommt nur ein leises Knurren aus seiner Kehle.
„Noch einmal!“, sagt Kojo.

Dembe übt und übt.
Am Ende brüllt er immer noch nicht.
Enttäuscht wirft sich Dembe ins Gras.

„Bald kannst du es“, tröstet Kojo ihn.
Er läuft zu den anderen Löwenjungen an den Fluss.

Dembe bleibt missmutig zurück.
Er übt immer weiter.
Alle Löwen können brüllen.
Nur er nicht …

Plötzlich hört Dembe ein Geräusch.
Er spitzt die Ohren.

Wer schleicht da durchs Gras?

Leise klettert er auf den nächsten Baum.
Von hier aus kann er die Umgebung
gut überblicken.

Dembe erschrickt: Ein Rudel Hyänen streift umher. Bei denen müssen die kleinen Löwen aufpassen.

Damit sie nicht als Hyänenfutter verspeist werden.

Dembe bleibt ganz still sitzen.
Endlich verschwinden die Hyänen.

Erleichtert klettert er
vom Baum. Da kommt Kojo.
„Na, Kleiner, hast du
gut geübt?“, fragt er.

Dembe nickt.
„Aber richtig leise sein ist auch wichtig“, sagt er stolz und erzählt seinem Bruder von den Hyänen.
„Wie ein großer Löwe!“, lobt Kojo.

Lesequiz

1. Was will Dembe lernen?

L: singen
Ö: brüllen
W: tanzen

2. Wie heißt Dembes Bruder?

W: Kojo
P: Kai
R: Karlo

3. Welche Tiere streifen unter dem Baum umher?

W: Hunde
D: Hyänen
Q: Hamster

Lösungswort:

L	1	2	E	N	R	U	3	E	L

Der kaputte Zauberstab

„Simsalabim, du kleine Kröte,
verwandle dich in eine Flöte!“,
sagt Fabia und zeigt
mit ihrem Zauberstab
auf eine dicke Kröte.

„QUAK! QUAK!“
Eilig hüpft
die Kröte davon.

„Mist!“, schimpft Fabia wütend
und wirft den Zauberstab auf den Boden.

Mit einem Knacken bricht
der Zauberstab in zwei Hälften.

„Nein!“, ruft Fabia entsetzt.
Verzweifelt überlegt sie, was sie tun soll.
„Ich brauche unbedingt einen neuen Zauberstab!“, beschließt sie.

Fabia schaut sich suchend um.
Unter der Gartenbank entdeckt sie
einen Stock.

„Simsalabim …“, ruft Fabia
und zeigt mit dem Stock
auf Omas Hund.

Doch bevor sie den Zauberspruch sagen kann, schnappt sich der Hund den Stock und läuft davon.
„Das war leider nichts“,
seufzt Fabia
und geht
zu Oma
ins Haus.

Auf Omas Schreibtisch entdeckt Fabia einen Pinsel.
„Das wird mein neuer Zauberstab“, sagt sie zu Oma.

„Simsalabim, du kleine Maus, verwandle dich in ein Spielzeughaus.“

Nichts passiert.
„Kannst du mir helfen, Oma?“, bittet Fabia. „Eine Fee ohne Zauberstab ist keine richtige Fee.“

Oma lächelt und sagt:
„Ich leihe dir meinen Ersatz-Zauberstab,
bis du selber einen neuen hast.“

„Danke!“, jubelt Fabia und probiert den Zauberstab gleich aus.

„Simsalabim,
du kleiner Kreis,
werd’ zu einem
leck’ren Eis.“

Lesequiz

1. Welches Tier will Fabia zuerst verwandeln?

L: Maus
F: Kröte
R: Hund

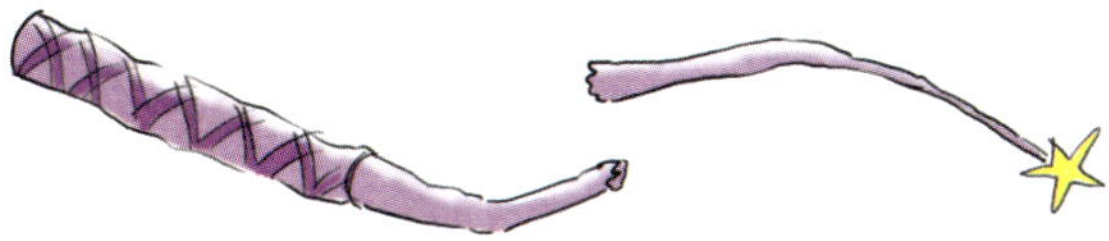

2. Was nimmt Fabia von Omas Schreibtisch?

E: Pinsel
P: Flöte
R: Stift

3. Was hat Oma für ein Haustier?

W: Katze
E: Hund
Q: Wellensittich

Lösungswort:

1	2	3

Streng geheim!

„Was machst du da?“, fragt Fiete. „Das ist ein cooler Trick, von dem ich gehört habe. Aber das ist nichts für kleine Brüder“, antwortet Tobi. Jetzt ist Fiete neugierig.

„Wozu brauchst du die Zitrone?“, fragt er.
„Also gut“, seufzt Tobi.
„Das ist eine Geheimtinte.“

Tobi zeigt Fiete ein weißes Blatt Papier.
Dann taucht er einen Pinsel
in Zitronensaft.
„Damit schreibe ich
eine geheime Botschaft!“
„Toll“, staunt Fiete.
„Und wie liest
man sie?“

„Man muss das Papier über eine Flamme halten. Aber es darf nicht verbrennen“, antwortet Tobi.
„Wir dürfen doch kein Feuer anzünden“, sagt Fiete.
„Hm, das stimmt“, gibt Tobi zu. „Dann suchen wir uns eben jemanden, der das darf“, meint Tobi.

Die beiden laufen zu Mama.
Mama telefoniert.

Und Papa kocht.
„Später, Jungs“, sagt er.

Oma schläft auf dem Sofa.

Jetzt bleibt noch Opa.
„Ah, den Trick kenne ich von früher“,
schmunzelt Opa.

Opa hält das Papier über ein Teelicht.
Der Zitronensaft wird braun.
Nun sehen sie die Geheimschrift.

„Nicht schlecht“, sagt Fiete.
„Aber das geht nur mit Opa. Und wenn Opa unsere Geheimbotschaft liest, ist sie nicht mehr geheim.“

„Ich weiß, was wir machen“,
ruft Tobi.
Den ganzen Nachmittag arbeiten Tobi
und Fiete an einer Geheimschrift.
Für jeden Buchstaben denken sie sich
ein kleines Bild aus.

Schon bald schreiben sie sich
kurze Nachrichten.
„Super!“, freut sich Fiete.
„Das geht ohne Feuer und Opa.
Und niemand weiß, was da steht!“

Lesequiz

1. Womit schreibt Tobi?

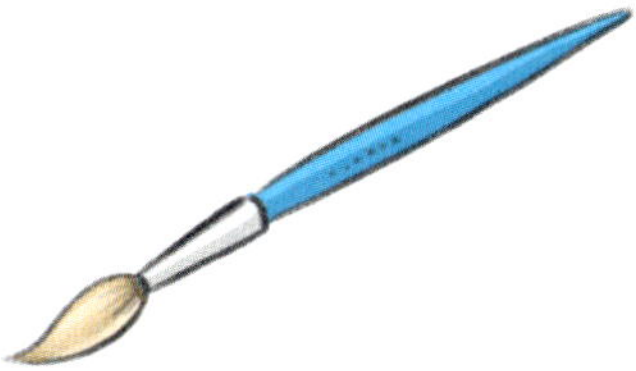

E: Erdbeersaft
T: Zitronensaft
B: Himbeersaft

2. Was macht Papa?

N: kochen
Q: spülen
R: Tee trinken

3. Wer kennt die Geheimschrift von früher?

T: Opa
F: Oma
E: Mama

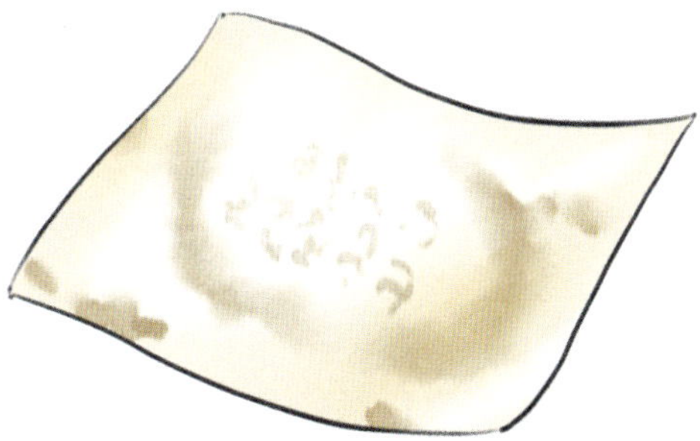

Lösungswort:

1	I	2	3	E

Clara auf dem Blütenplaneten

„Es ist nicht mehr weit“, sagt Clara.
„Bald sind wir zu Hause.“
Ihr Kater Mio schnurrt zufrieden.
Clara und Mio erkunden gern
mit ihrem Raumschiff das Weltall.

Doch nun freuen sich beide auf
ihren Heimatplaneten.
Denn hinter ihnen liegt eine lange Reise.
Plötzlich klappert das Raumschiff.

„O nein!
Was ist das?“,
ruft Clara.
„Unser Treibstoff ist leer.
Wir müssen landen.“

Clara drückt einige Knöpfe.
„Da vorn ist ein kleiner Planet“, sagt sie.
„Mit etwas Glück schaffen wir es dorthin.“

Rumpelnd beginnt
das Raumschiff
zu sinken.
Mit aller Kraft hält Clara
das Steuerrad fest.
RUMMS!
Polternd landet das Raumschiff
auf dem Planeten.

Clara sucht im Raumschiff
nach einem Rest Treibstoff.

„Nichts mehr da“,
seufzt Clara traurig.
„Und jetzt?“
Clara und Mio
steigen aus.

„Die sind ja schön“, ruft Clara
und bewundert die riesigen Blumen,
die überall wachsen.

„Aber wir brauchen neuen Treibstoff“, sagt sie zu Mio.

„Doch hier gibt es weit und breit keine Häuser. Und Tankstellen auch nicht!“ Da fliegt eine große Hummel langsam an ihnen vorbei.

Die Hummel landet in einer Blüte
und trinkt den Nektar daraus.
Kurz darauf saust sie an Mio und Clara
vorbei.
„Ich hab's!", ruft Clara.

Sie holt
einen Becher
und schüttelt
einen der
Blütenkelche.
Blauer Saft
tropft in den
Becher.

Clara gießt
den Saft
in den Tank
ihres Raumschiffes.

BRUMM!
Schon springt der Motor an.
Schnell wie nie düsen
Clara und Mio im Raumschiff
nach Hause.

Lesequiz

1. Womit sind Clara und Mio unterwegs?

U: Raumschiff
J: Bus
L: Eisenbahn

2. Was sucht Clara im Lagerraum?

F: Treibstoff
H: Apfelsaft
L: Schokolade

3. Welches Tier sehen Clara und Mio auf dem Planeten?

I: Kolibri
O: Hummel
T: Elefant

Lösungswort:

1	2	3

Überraschung im Schuppen

Lasse schießt den Fußball über die Wiese. Der Ball rollt ins Tor. Treffer! Lasse freut sich. Wenn ihn seine Freunde jetzt sehen könnten.

Aber seine Freunde sind alle im Urlaub.
Was soll Lasse nur ganz alleine machen?
Die Ferien werden sicher schrecklich langweilig.

Seufzend schießt er noch einmal.
Lasse hält den Atem an.

Der Ball fliegt durch die Luft.
Direkt ins Fenster des alten Schuppens.
So ein Mist! Jetzt ist der Ball weg und
die Fensterscheibe ist auch kaputt.
Der Schuppen ist voller Gerümpel.
Missmutig sucht Lasse nach dem Ball.

Er findet lauter komisches Zeug:
eine Vogelscheuche, leere
Tomatendosen, eine grüne Perücke.
Aber wo ist bloß der Fußball?

Lasse sucht und sucht.
Schließlich bleibt nur die Truhe
in der Ecke übrig. Ihr Deckel steht offen.

Lasse beugt sich
über den Rand.

Da liegt ja der Ball.
Auf einem blauen
Teppich mit
silbernen
Monden.

Lasse nimmt den Ball und
den Teppich mit nach draußen.
Er rollt den Teppich
auf der Wiese aus
und setzt sich
darauf.

Da passiert es: Der Teppich schwebt langsam über die Wiese.

„Ein fliegender Teppich!“,
ruft Lasse begeistert.

Den ganzen Nachmittag übt er,
mit dem Teppich
zu fliegen.

Endlich kann Lasse den Teppich sicher steuern. Er legt ihn zurück in die Truhe. „Morgen machen wir einen Ausflug“, sagt er. „Das werden tolle Ferien!“

Lesequiz

1. Was macht Lasse?

K: Tennis spielen
L: Fußball spielen
T: Hockey spielen

2. Wohin schießt Lasse den Ball?

E: in den Schuppen
H: in den Wintergarten
L: in die Speisekammer

3. Was entdeckt Lasse?

R: einen Mantel
Y: eine Wolldecke
G: einen Teppich

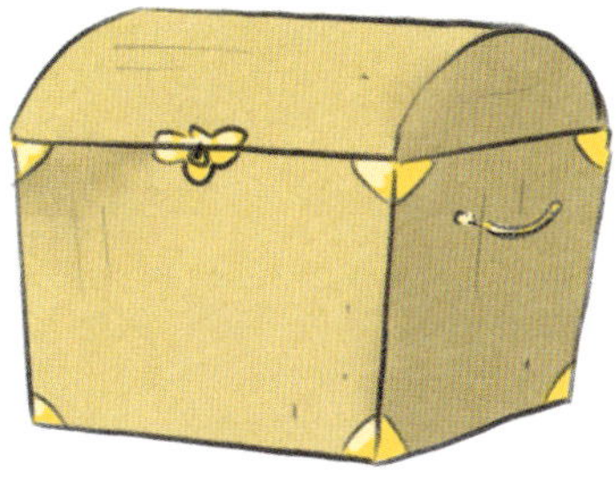

Lösungswort:

F	1	I	2	3	E	N

Der Mal-Wettbewerb

„Ich muss kurz ins Lehrerzimmer“,
sagt Frau Blume. „Bitte malt
die Bilder für den Wettbewerb weiter.“
Sie geht aus dem Klassenzimmer.

„Fertig!“, ruft Cem.
Er legt den Pinsel
zur Seite.

Nun sind auch die anderen Kinder fertig.
„Ich glaube, Jonas gewinnt
den Wettbewerb“, meint Marie.

„Seine Rakete
sieht super
aus.“

Cem nickt. Aber Finn sagt:
„Mir gefällt Cems Tiger besser.
Er soll gewinnen!“

Marie schüttelt den Kopf.
„Eine Rakete ist viel schwieriger.“
„Quatsch!“, entgegnet Finn.

Er greift nach dem Tiger.
Dabei bleibt sein Ärmel
an Maries Bild hängen.

Es segelt in hohem Bogen vom Tisch.
Auch die Bilder anderer Kinder fallen
durch den Luftzug auf den Fußboden.

„Was machst du denn da?“, ruft Marie.
„Das war keine Absicht“,
murmelt Finn verlegen.

„Ist doch nicht schlimm“,
meint Cem.
Er kniet sich hin und
greift nach dem Bild
mit der Rakete.

Plötzlich hat er eine Idee.
„Wir machen ein einziges Bild“,
schlägt er vor.
Verwirrt schauen sich Marie und Finn an.
„Was meinst du damit?“,
fragt Jonas neugierig.

Cem legt die Bilder auf dem Fußboden aneinander.
Jetzt guckt sein Tiger auf die Rakete.
Neben der Rakete wächst Maries Baum.

Alle sind begeistert!
Jedes Kind legt sein Bild auf den Boden.

Gemeinsam schieben sie die Bilder
hin und her.
So entsteht aus den vielen
kleinen Bildern ein großes Bild.

Dann kommt Frau Blume zurück.

„Großartig!“, ruft sie.
„Was für eine schöne Idee!
Damit gewinnt ihr bestimmt
den Mal-Wettbewerb.“

Lesequiz

1. Wohin geht Frau Blume?

A: Lehrerzimmer
B: Turnhalle
D: Pausenhof

2. Was legt Cem weg?

A: Pinsel
Q: Buntstift
T: Pfeil

3. Wer hat die Rakete gemalt?

O: Marie
L: Finn
B: Jonas

Lösungswort:

W	1	S	S	E	R	F	2	R	3	E	N

Lösungen **Lesequiz**

Seite 11: ANKER
Seite 19: KRONE
Seite 27: SPIELEN
Seite 35: KUH
Seite 45: LÖWENRUDEL
Seite 55: FEE
Seite 65: TINTE
Seite 75: UFO
Seite 85: FLIEGEN
Seite 95: WASSERFARBEN

Emil-Hoffmann-Str. 1, D-50996 Köln
Geschichten: Lena Steinfeld
Illustrationen: Stefan Richter, Sonja Rörig
Umschlagillustration: Sonja Rörig
Redaktion: Esther Görgen
Gesamtherstellung: Schwager & Steinlein Verlag GmbH

www.schwager-steinlein-verlag.de